Inhalt

Headhunter - die heimlichen Drahtzieher hinter der Kulisse

Kernthesen

Beitrag

Fallbeispiele

Weiterführende Literatur

Impressum

Headhunter - die heimlichen Drahtzieher hinter der Kulisse

M.Reiner

Kernthesen

- Zum ersten Mal seit vier Jahren befindet sich der Beratermarkt im Aufschwung. Wurden früher vor allem Führungs- und Fachkräfte von den Headhuntern gesucht, besetzen diese heute vermehrt auch Aufsichtsrats- oder Vorstandsposten. (3), (9), (10)
- Nicht selten sind die Headhunter die heimlichen Drahtzieher hinter den Kulissen. Sie verfügen über die wichtigsten Kontakte, spielen Unternehmern Informationen zu und machen auch vor der Konkurrenz nicht

halt, wenn es darum geht, den geeigneten Bewerber für eine Stelle zu finden. (1), (4)
- Dabei zieht ein zweifelhafter Trend, der in den USA schon weitläufige Auswüchse erreicht hat, nun auch in Deutschland ein: immer häufiger werden komplette Teams vom Mitbewerber abgeworben und das Konkurrenzunternehmen auf diese Weise erheblich geschwächt. (5), (7)

Beitrag

Gefürchtet und geachtet zugleich: Headhunter sind oft die heimlichen Drahtzieher bei wichtigen Personalentscheidungen. Sie kennen die Branche wie ihre Westentasche und verfolgen den Werdegang von Führungskräften mit steter Aufmerksamkeit. Längst gehört es zum Usus, vielversprechende Kandidaten von der Konkurrenz abzuwerben. Neu hingegen ist der Fokus der Headhunter auf komplette Teams.

Viele Unternehmen verzichten bei der Personalsuche bewusst auf eine öffentliche Stellenausschreibung. Sei es die Angst vor einer Überflutung an Bewerbungen, die Befürchtung, dass der Unternehmensstandort für viele Top-Leute auf den ersten Blick unattraktiv wirken könnte, die Wahrung von Betriebsgeheimnissen oder die Tatsache, dass die interessantesten Kandidaten nicht an einen Jobwechsel denken. Headhunter helfen Unternehmen, dennoch an die richtigen Leute zu kommen. (2)

Aufwind auf dem Beratermarkt.

Zwischen den Jahren 2000 bis 2003 hatte der Beratermarkt Einbußen von 40 Prozent. Zum ersten Mal seit vier Jahren entspannt sich die Konjunktur. Laut dem Bundesverband Deutscher Unternehmensberater (BDU) stieg letztes Jahr der Branchengesamtumsatz um 16 Prozent auf 880 Milliarden Euro. Die Zahl der Personalsuchaufträge erhöhte sich von 40.800 auf 41.500. Personaler, die Neueinstellungen hinausgezögert haben, sind gezwungen zu handeln und die vakanten Stellen zu besetzen. Gesucht werden vor allem Ingenieure, Controller und Verkaufsleiter sowie technische Spezialisten mit Vertriebserfahrung. (2), (3), (9), (11), (10)

Headhunter - die Drahtzieher hinter der Kulisse

Renommierte Headhunter haben nicht nur ausgezeichnete Marktkenntnisse, sondern pflegen vertrauensvolle Kontakte zu den Top-Leuten der Branchen. Sie wissen, in welchen Unternehmen die Nachfolge noch nicht geregelt ist, wo Fusionen wechselwillige Kandidaten auf den Plan rufen könnten und beobachten genauestens den Werdegang von vielversprechenden Kandidaten. Mit diesem Netzwerk an Informationen und Leuten steuern sie wichtige Personalentscheidungen, indem sie aktiv in die Besetzungsabläufe eingreifen. Sogar das Zuspielen von Informationen mit Empfehlung an vertraute Unternehmen, die keinen Suchauftrag vergeben haben, gehören zum Geschäft. (1)

Ein enges Verhältnis zwischen Headhunter und Klient bietet Vorteile für beide Seiten: Headhunter zapfen Klienten gerne als Quelle an, um sich über Kandidaten zu informieren oder Tipps einzuholen. Führungskräfte wiederum, die Beratern Suchaufträge vergeben, werden später oft selber Klienten auf der Suche nach einem neuen Arbeitsplatz.

Die Jagd nach dem perfekten Kandidaten

Vor allem im Führungssegment hat sich die Arbeit

der Headhunter in den letzten Jahren gewandelt. Neben der Suche nach Fachkräften und Mitarbeitern für leitende Positionen werden Headhunter vermehrt auch für Unternehmen tätig, die ihre Aufsichtsräte und Vorstandsposten neu besetzen müssen. (3)

Bei immer höheren Anforderungen der Unternehmen an das Personal müssen Headhunter bei der Besetzung nicht nur geeignete Kandidaten herausfiltern, sondern diese auch auf Leib und Nieren prüfen. Um beurteilen zu können, ob ein Kandidat in das Unternehmen passt, muss der Berater die Unternehmenskultur- und Ziele kennen. Mit Potenzialanalysen und Eignungstest hinterfragen Headhunter bei den Kandidaten ihre fachlichen Fähigkeiten, internationale Kontakte, die Performance in der Vergangenheit, Niederlagen und Erfolge, die Reputation in der Branche, die Persönlichkeit und die private Situation. (1), (2), (14)

Headhunter erobern Nischen

Aber auch im Management Audit beim Aufkauf einer Firma oder bei einer Interims Besetzung wird das Know-How der Headhunter immer häufiger angefragt. Die Unternehmer wollen wissen, mit wem sie es zu tun haben und welches Potenzial in den

Mitarbeiter steckt. Im Trend liegt auch der Einsatz von Beratern bei Private-Equity-Firmen. Für Beteiligungsgesellschaften prüfen die Headhunter inzwischen ganze Teams und ihre Führungsqualitäten, das sogenannte "Management Due Dilligance". (3), (12)

Fündig bei der Konkurrenz - Das Abwerben von Mitarbeiterteams im Trend

Geeignete Kandidaten finden Headhunter meistens bei der Konkurrenz. So lotste Headhunter Jürgen Mülder den ehemaligen IBM-Deutschland Chef zur Telekom. Dieter Rickert vermittelte Ex-MCKinsey Direktor Jürgen Wilms an den Konkurrenten Bain & Company. (1)

Rechtlich ist dieser Usus erlaubt. Bedenklich wird es allerdings, wenn Headhunter als Mittel zum Konkurrenzkampf ganze Teams von den Mitbewerbern abziehen. Was in den USA an der Tagesordnung steht (die Bank Merrill Lynch warb von JP Morgan 23 Derivateexperten ab) zieht nun auch in Deutschland ein. So hat die Deutsche Bank sieben Banker vom Wettbewerber Morgan Stanley für ihr US-Geschäft abgeworben. Der Baukonzern Strabag verlor in Düsseldorf die komplette Niederlassungsleitung an die Konkurrenz. Für das Unternehmen bedeutet das den Verlust von wichtigem Know-How und Kundenkontakten sowie Verzögerungen bei Bauvorhaben. Viele Führungskräfte nehmen außerdem bei einem Wechsel die Kunden gleich mit. Nicht selten enden solche Eingriffe für das betroffene Unternehmen in der Insolvenz.

Rechtlich gesehen ist nicht die Anzahl der abgeworbenen Mitarbeiter ausschlaggebend, sondern das Verhältnis dieser zur gesamten Mitarbeiteranzahl. Aber es gibt Wege, sich zu schützen. Zum Beispiel durch ein vertraglich geregeltes Wettbewerbsverbot oder durch lange Kündigungsfristen. Wirkungsvoll sind auch Mandantenübernahmeklauseln, bei denen ein Teil der Honorareinnahmen an das ehemaligen Unternehmen gezahlt werden müssen. (5), (7)

Fallbeispiele

Trendwende für Headhunter: zum ersten Mal seit dem Jahr 2000 scheint es auf dem Beratermarkt wieder aufwärts zu gehen. Um 16 Prozent konnte das Wachstum im Vergleich zum Vorjahr gesteigert werden. Am meisten profitierten die Unternehmen Korn/Ferry und Signum mit einem Geschäftswachstum von 30 Prozent. (10) Den größten Teil der insgesamt ca. 1700 Beratungsfirmen stellen kleine Unternehmen mit einem Jahresumsatz von ca. 0,5 Millionen Euro. Zu den Branchenführern zählen Kienbaum Executive Consultants, Egon Zehnder International, Heidrick & Struggles und die Baumann Unternehmensberatung. Insgesamt halten die Top 20 Berater einen Marktanteil von 40 Prozent. (15)

Immer mehr Headhunter sehen die Notwendigkeit, ihre Ressourcen an ein internationales Netzwerk anzubinden. Nur 32 Prozent der Aufträge kommen laut BDU von deutschen Kunden, die ausschließlich in Deutschland suchen. Mehr als 40 Prozent der Aufträge stammen von deutschen Kunden, die sowohl im In- als auch im Ausland ihre Fühler ausstrecken. Auf ausländische Firmen entfällt der Rest. (11) Ein Grund für die international agierende Beratungsfirma Signum, die 50 Büros weltweit koordiniert, ein straffes Netzwerk zu bilden. Zweimal wöchentlich findet ein internationaler Statusabgleich an Akquisitionen statt, regelmäßige Treffen sind ebenfalls vorgesehen. (8)

Headhunter pflegen intensive Kontakte zur Top-

Leuten in der Wirtschaft. Wird ein Headhunter engagiert, zieht er alle Register, um den geeigneten Kandidaten für die zu besetzende Position zu finden. Focus-Money bereichtet über Methoden der Headhunter, von der Recherche über zu Kontaktaufnahme, bis hin zum Persönlichkeitsprofil der Kandidaten. Außerdem gibt die Zeitschrift Tipps, was man bei dem Anruf eines Headhunters beachten sollte. (2)

Zurück zu den Wurzeln. Florian Gerster, ehemaliger Chef bei der Bundesagentur für Arbeit, ist Partner bei einer Frankfurter Personalagentur. Gerster ist verantwortlich für Führungskräfte und Spezialisten Bund, Länder und Kommunen. Das Unternehmen erzielte letztes Jahr nach eigenen Angaben einen Umsatz von 32,1 Millionen Euro. (13)

Im Interview mit Andrea Euenheim, Personalleiterin bei General Electrics Commercial Finance, gibt die Personalerin interessante Einblicke über die Zusammenarbeit mit Personalberatern. Diese werden laut Euenheim vor allem dann eingesetzt, wenn das Unternehmen die geeigneten Kandidaten bei der Konkurrenz vermutet. Vorteile bei einer Suche über Headhunter sieht sie darin, dass auf diesem Wege Leute in die Auswahl einbezogen werden, die nicht aktiv auf Jobsuche sind. (4)

Der Konkurrenzdruck auf dem Beratermarkt ist groß. Überlebenschancen werden vor allem denjenigen prophezeit, die sich auf bestimmte Nischen spezialisieren. Eine davon ist die Beraterfirma Hofmann & Heads. Mit einer Fokussierung auf den Handel beschäftigt das Unternehmen Berater, die in Nischenmärkten wie Fashion Luxury oder Baumärkten Experten sind. (1)

Messebesuche, Verfassen von Fachartikeln oder einfach nur der Griff zum Telefon: Mobiltiy & Business liefert in seiner Juniausgabe zahlreiche Tipps und Tricks, wie man Headhunter auf seine Person aufmerksam machen kann.

Weiterführende Literatur

(1) DIE KARRIEREMACHER Sie sind verschwiegen und agieren stets im Hintergrund. Headhunter ziehen die Strippen der Deutschland AG. Sie vermitteln Führungskräfte in Top-Positionen. Titel Headhunter Bewerbung Gespräch
aus Capital vom 12.05.2005, Seite 68

(2) Obermeier, Birgit, Personalsuche. Auf der Jagd. Wie Headhunter arbeiten und wie sich auserwählte Kandidaten richtig verhalten, um ins Rennen um den Top-Job zu kommen, FOCUS-MONEY, Ausgabe 29 vom 13.7.2005, Seite 054ff.

aus Capital vom 12.05.2005, Seite 68

(3) Headhunter in Goldgräberstimmung Personalberater drängen in neue Nischen. Geschäft mit Private-Equity-Firmen fördert Wachstum der Branche
aus Financial Times Deutschland vom 21.06.2005, Seite BE6

(4) O.V. "Wir wollen die Besten", Andrea Euenheim, Personalleiterin bei General Electric (GE) Commercial Finance, über die Zusammenarbeit mit Personalberatern, FOCUS-MONEY, Ausgabe 29 vom 13.7.2005, Seite 057
aus Financial Times Deutschland vom 21.06.2005, Seite BE6

(5) Kollektive Abwanderung Der Wettbewerbsdruck lässt die Sitten rauer werden. Immer mehr Unternehmen werben ganze Teams von Konkurrenten ab. Klagen laufen häufig ins Leere. Personalsuche
aus Capital vom 21.07.2005, Seite 66

(6) Headhunter nehmen junge deutsche Ärzte ins Visier
aus netzeitung.de vom 03.05.2005

(7) "Das Abwerben von Kunden gehört zum Wettbewerb" Verleitung zum (Arbeits-)Vertragsbruch kann jedoch rechtswidrig sein
aus Börsen-Zeitung, 05.10.2005, Nummer 191, Seite 2

(8) Headhunter gehen europaweit auf die Pirsch
Jobmarkt: Personalberater in Europa-Netzwerke eingebunden
aus WirtschaftsBlatt, 07.05.2005, Nr. 2360, S. 14

(9) Sachsenröder, Delphine, Nachholbedarf bringt den "Kopfjägern" Aufträge, Bonner General-Anzeiger, Bonner Stadtausgabe General-Anzeiger vom 13.5.2005, Seite 21
aus WirtschaftsBlatt, 07.05.2005, Nr. 2360, S. 14

(10) Headhunter sind nach Jahren der Flaute optimistisch wie lange nicht mehr
aus DIE WELT, 19.05.2005, Nr. 114, S. 10

(11) Personalchefs immer anspruchsvoller
aus DIE WELT, 18.06.2005, Nr. 140, S. B11

(12) Fusionen: Manager sehen sich nach Alternativen um Jobmarkt: Nach Firmenzusammenschlüssen steigt die Fluktuation auf der Managementebene
aus WirtschaftsBlatt, 18.06.2005, Nr. 2388, S. 15

(13) Schmalholz, Claus G., Neuer Job für Ex-BA-Chef, Gerster künftig als Headhunter aktiv, Spiegel Online vom 16.6.2005
aus WirtschaftsBlatt, 18.06.2005, Nr. 2388, S. 15

(14) O.V. Es gibt keine falschen Bewerber..., DVZ, Nr. 264 vom 31.5.2005
aus WirtschaftsBlatt, 18.06.2005, Nr. 2388, S. 15

(15) Schwierige Jagd nach dem hehren Ideal

aus FAZ.NET, 01.07.2005

Impressum

Headhunter - die heimlichen Drahtzieher hinter der Kulisse

Bibliografische Information der deutschen Nationalbibliothek

Die Deutsche Nationalbibliothek verzeichnet diese Publikation in der deutschen Nationalbibliografie; detaillierte bibliografische Daten sind im Internet über http://dnb.d-nb.de abrufbar.

ISBN: 978-3-7379-0896-2

© 2015 GBI-Genios Deutsche Wirtschaftsdatenbank GmbH, Freischützstraße 96, 81927 München, www.genios.de

Alle Rechte vorbehalten. Dieses Werk ist einschließlich aller seiner Teile – z.B. Texte, Tabellen und Grafiken - urheberrechtlich geschützt. Jede Verwertung außerhalb der Grenzen des Urheberrechtsgesetzes bedarf der vorherigen Zustimmung des Verlags. Dies gilt insbesondere auch für auszugsweise Nachdrucke, fotomechanische Vervielfältigungen (Fotokopie/Mikroskopie), Übersetzungen, Auswertungen durch Datenbanken oder ähnliche Einrichtungen und die Einspeicherung und Verarbeitung in elektronischen Systemen.